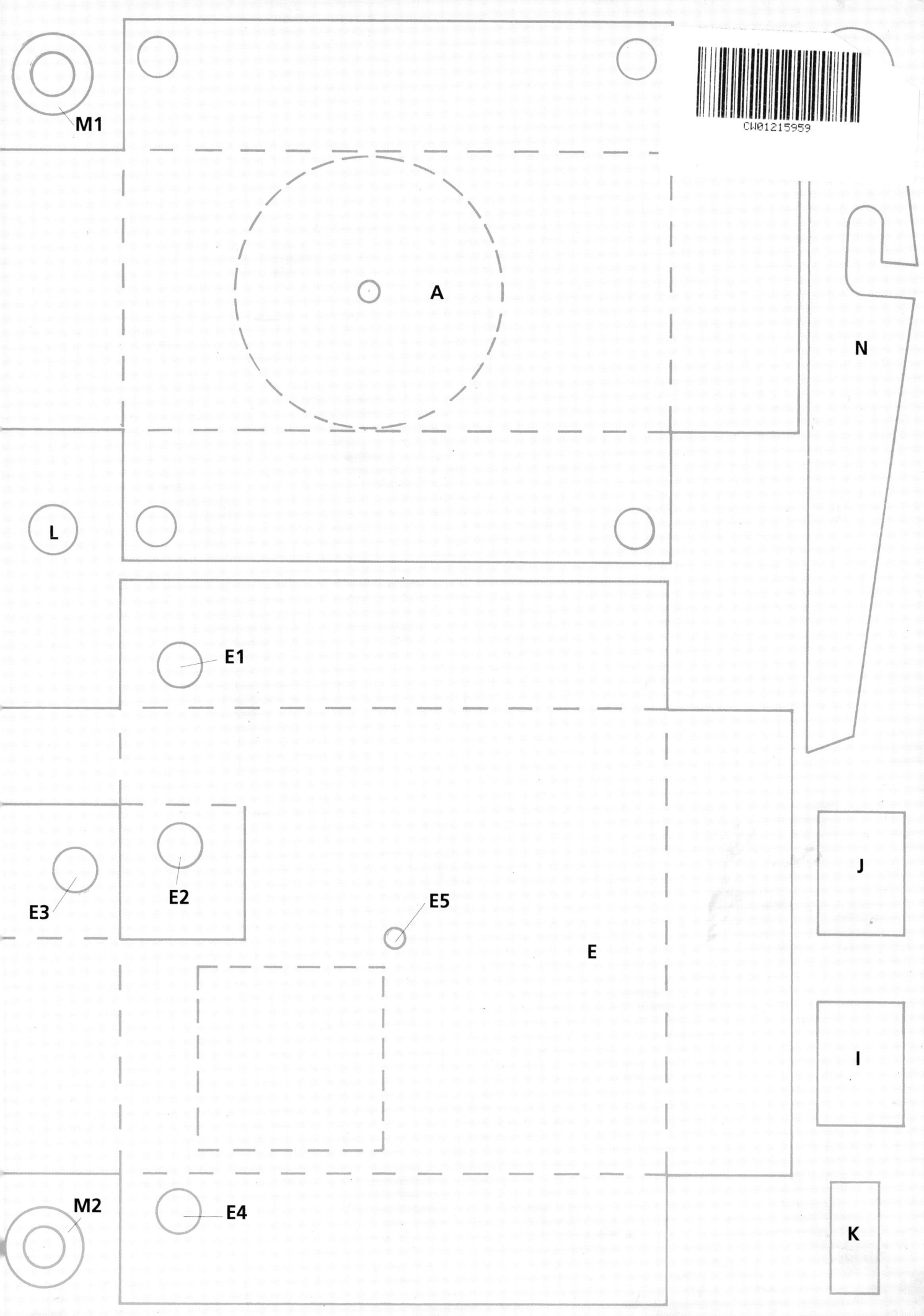

Cómo funciona la ciencia

Camiones
Tractores y grúas

BRYSON GORE

Traducción:
Diana Esperanza Gómez

PANAMERICANA
EDITORIAL

CONTENIDO

LA CIENCIA DE LA MAQUINARIA
páginas 4-5
Cómo nos ayudan las máquinas a levantar objetos pesados.

CAPÍTULO 1. ORUGAS
páginas 6-9
Todos los vehículos ejercen presión contra el suelo. Aprende sobre la adherencia y fabrica las orugas de tu modelo.

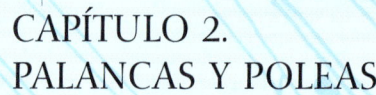

CAPÍTULO 2. PALANCAS Y POLEAS
Páginas 10-17
Cómo funcionan las máquinas sencillas. Construye la pala y el cabrestante de tu modelo.

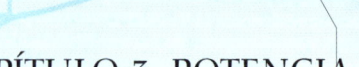

CAPÍTULO 3. POTENCIA
páginas 18-21
Cómo suministran potencia los motores diésel a las complejas máquinas modernas. Aprende sobre el funcionamiento de la hidráulica.

PRINCIPIOS CIENTÍFICOS
Páginas 28-31
Pon a prueba tus conocimientos y conoce una guía de las partes de los camiones, los tractores y las grúas.

CAPÍTULO 4. CONTROLES
páginas 22-27
Cómo se utilizan los sistemas hidráulicos y otros sistemas en excavadoras, camiones y tractores. ¡Termina tu modelo!

ÍNDICE
Página 32
Listado de palabras clave.

INTRODUCCIÓN

Los camiones, tractores y grúas levantan y transportan cargas pesadas. Ellos forman parte del grupo de máquinas importantes que empleamos en la actualidad.

Los tractores y grúas modernos requieren sistemas electrónicos e hidráulicos complejos, pero también emplean los principios de las palancas, poleas y tornillos que se han aplicado por más de 4000 años. Al descubrir cómo funcionan las máquinas simples, entenderás cómo operan estas máquinas complejas y modernas. Pon estas ideas en acción, construyendo tu propia grúa o excavadora, a medida que leas este libro.

Para realizar los proyectos necesitarás: cartón grueso, cartón delgado, cartón corrugado por un solo lado, un bisturí, tres o cuatro piedrecillas, tijeras, pegante blanco, pintura acrílica, una barra cilíndrica de madera de 5 mm de diámetro, cuatro armellas (tres cerradas y una abierta), cuerda, una banda elástica delgada, dos palos de fósforo, una mostacilla grande de madera y cuatro carretes vacíos para hilo.

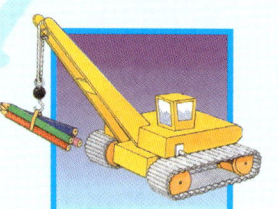

Proyecto del modelo de la grúa

Proyectos científicos

Editor
Panamericana Editorial Ltda.
Dirección editorial
Conrado Zuluaga
Edición
Javier R. Mahecha López
Traducción
Diana Esperanza Gómez
Ilustraciones
Ian Thompson, Catherine Ward, Don Simpson, Simon Tegg, Graham White, Alex Pang, Simon Bishop, Gerald Witcomb, Aziz Khan, David Russell, Ron Hayward, Peter Harper y Ross Watton
Título original: Trucks, tractors, and cranes
Primera edición en Gran Bretaña por Aladdin Books Ltd., 2000
Primera edición en Panamericana Editorial Ltda., septiembre de 2008

© Aladdin Books Ltd.
2/3 FITZROY MEWS, London W1T 6DF
© Panamericana Editorial Ltda.
Calle 12 No. 34-20. Tels.: (57 1) 3603077 – 2770100
Fax: (57 1) 2373805
Correo electrónico:
panaedit@panamericana.com.co
www.panamericanaeditorial.com
Bogotá, D.C., Colombia
ISBN: 978-958-30-1866-4
Todos los derechos reservados.
Prohibida su reproducción total o parcial, por cualquier medio, sin permiso del Editor.
Impreso por Panamericana Formas e Impresos S.A.
Calle 65 No. 95-28, Tels: (57 1) 4302110 – 4300355, Fax: (57 1) 2763008
Bogotá, D.C., Colombia
Quien sólo actúa como impresor.
Impreso en Colombia   Printed in Colombia

Gore, Bryson
  Camiones, tractores y grúas / Bryson Gore; traductor Diana Esperanza Gómez; ilustraciones Ian Thompson [et al.]. — Editor Javier R. Mahecha López. — Bogotá : Panamericana Editorial, 2008.
  32 p.: il. ; 29 cm. — (Cómo funciona la ciencia)
  ISBN 978-958-30-1866-4
Camiones - Literatura juvenil 2. Tractores - Literatura juvenil 3. Grúas, Cabrias, etc. - Literatura juvenil I. Gómez, Diana Esperanza, tr. II. Thompson, Ian, il. III. Mahecha López, Javier R., ed. IV. Tít. V. Serie.
I629.225 cd 21 ed.
A1129602

  CEP-Banco de la República-Biblioteca Luis Ángel Arango

LA CIENCIA DE LA MAQUINARIA

Sólo un cuerpo humano fuerte puede empujar o halar un objeto pesado suficientemente como para desplazarlo o levantarlo contra la fuerza de gravedad. Algunas máquinas hacen lo mismo, pero con una fuerza mucho mayor.

Las primeras máquinas transformaban la fuerza de nuestro propio cuerpo; las modernas utilizan la fuerza de la misma manera, pero impulsadas por un motor.

Las primeras máquinas eran impulsadas por humanos o animales. La invención del motor de vapor permitió que las máquinas produjeran por primera vez su propia energía.

ESTABILIDAD

Todas las máquinas están diseñadas para ser estables; su forma hace que no se volteen, aunque esto podría ocurrir cuando levantan cargas muy pesadas o se desplazan sobre superficies muy irregulares. En las páginas 8 y 9 aprenderás cómo se construyen los camiones y las grúas para asegurar su estabilidad.

RETROEXCAVADORA

Su poderoso motor le genera energía suficiente para levantar cargas y desplazarse.

ENERGÍA DIÉSEL

Las máquinas modernas deben suministrar energía. Todas tienen motores poderosos que proveen la energía que necesitan y por lo general lo hacen quemando algún tipo de combustible como el diésel. En la página 18 encontrarás más detalles.

Un líquido bombeado por unas mangueras alimenta los accesorios de las máquinas como esta retroexcavadora. Este modo de transformar la fuerza se denomina hidráulica. En la página 20 aprenderás cómo funciona esta fuerza.

GRÚAS

Las grúas son máquinas que levantan cargas en el aire. Algunas grúas son móviles, pero las más grandes están adheridas al piso. Averigua cómo ambos tipos de grúas utilizan palancas y poleas en la página 14.

Grúa móvil

La cabina suministra un sitio seguro al operador para controlar la máquina.

Sus diferentes accesorios hacen que el vehículo pueda aplicar la fuerza de diferentes maneras para adaptarse a cualquier tipo de trabajo. En la página 26 podrás ampliar estos conocimientos.

Las ruedas anchas dispersan el peso y proporcionan muy buena adherencia en condiciones fangosas.

Tractor

RUEDAS GRANDES

Toda máquina pesada ejerce presión sobre el piso, pero las máquinas que trabajan sobre superficie blanda o fangosa deben dispersar el peso sobre un área tan amplia como sea posible. Para entender mejor esto ve a la página 6.

CAPÍTULO 1. ORUGAS

Todas las máquinas móviles deben presionar o arrastrarse sobre el piso para trasladarse. Algunas emplean orugas en vez de neumáticos porque al transitar sobre terreno dispar estos últimos podrían desplazarse e inestabilizarlas. Las orugas dispersan el peso de forma pareja para que una parte de ellas esté siempre en contacto con el suelo.

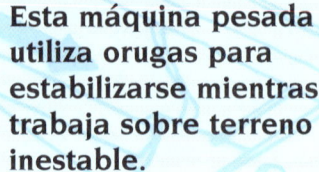

Esta máquina pesada utiliza orugas para estabilizarse mientras trabaja sobre terreno inestable.

Intenta hacerlo. ¿Hay mejor agarre con los tacos?

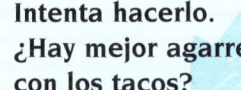

Sin tacos   **Con tacos**

Tracción

Tracción es el término científico correspondiente al agarre. Practicar algún deporte sobre terreno fangoso puede ser muy peligroso sin un buen agarre. Los tacos de las zapatillas de fútbol te permiten arrancar, detenerte y girar sin deslizarte.

Las orugas de este buldócer se adhieren a la superficie como los tacos de las zapatillas de fútbol.

QUITANIEVES

En la quitanieves se combinan neumáticos que dirigen la máquina y orugas que permiten su adherencia al terreno. La nieve se acumula sobre las bandas de rodamiento de los neumáticos, pero cae sobre las orugas al girar.

ORUGAS

Las orugas están formadas por diversos eslabones individuales, unidos entre sí, que crean una banda flexible alrededor de dos ruedas en las partes frontal y trasera del vehículo. Cuando las ruedas giran, la oruga completa gira haciendo presión sobre el piso y suministrando mayor agarre.

Algunas máquinas tienen varios neumáticos con un labrado enorme que evita que estas queden atrapadas en terreno muy blando (*derecha*). El labrado es en realidad el espaciado entre los canales y las protuberancias de un neumático. Cada neumático tiene su propio sistema de suspensión que lo mantiene en contacto con el piso.

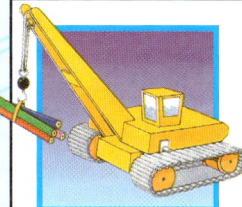

MODELO DE GRÚA
PASO 1

BASE DE LAS RUEDAS

1 FABRICA LA BASE
Para construir tu modelo dibuja la sección **A** sobre cartulina gruesa, según el plano ubicado en las guardas del libro. Recorta la parte **A** y dóblala por las líneas punteadas; luego une con pegante su extremo y sus aletas laterales entre sí. Cuando el pegante seque, pinta la base de las ruedas.

2 AGREGA LAS RUEDAS
Reúne cuatro carretes vacíos de hilo. Necesitarás dos barras de madera o dos lápices de 20 cm de longitud. Encaja un carrete en uno de los extremos de cada una de las barras de madera y pásalas por los orificios que hiciste para los ejes. Posteriormente, ajusta los otros dos carretes a los otros dos extremos de las barras.

3 CONSTRUYE LAS ORUGAS
Recorta las orugas en cartón corrugado por un solo lado y pega C y D, al lado liso de B.

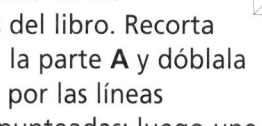

4 ADHIERE LAS ORUGAS
Ahora pinta las orugas. Cuando sequen, enróllalas alrededor de las ruedas y pega sus extremos entre sí.

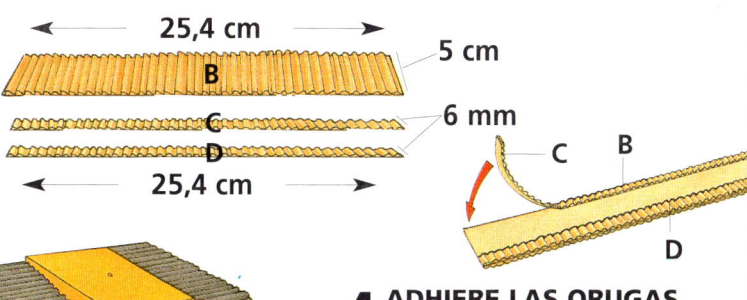

ESTABILIDAD

Las máquinas deben tener equilibrio y ser estables. Equilibrio significa que las máquinas no se caen por sí solas; estabilidad quiere decir que después de inclinarse, retornan a su posición original.

Un objeto tiene equilibrio cuando su centro de gravedad (la posición promedio de su peso) se encuentra entre sus ruedas. Es estable hasta cuando su centro de gravedad se aleja de sus ruedas. Al mantener el peso cerca del piso, se mantiene la estabilidad de los objetos.

Los volquetes siempre estarán balanceados aun cuando su platón se encuentre hacia abajo. Al levantarlo, su carga se desplaza hacia la parte posterior. Si el volquete es estable, sus ruedas delanteras no se elevarán del suelo.

Peso de la carga

Si añades peso a la base de tu modelo, asegurarás la estabilidad.

EN LA CUESTA
Los tractores y excavadoras, por lo general, se desplazan por terreno inclinado. Los primeros tractores se volteaban si la cuesta era demasiado inclinada. Los tractores modernos están construidos de modo que su peso está ubicado en su parte baja, lo cual los hace más estables.

GRÚAS ESTABLES
Es importante que las grúas puedan soportar cargas muy pesadas (A) lejos de su base. Para evitar que el peso de la carga empuje la grúa al suelo, debe haber un contrapeso (B) al lado opuesto encargado de mantener el centro de gravedad sobre la base.

El peso de la maquinaria equilibra el peso de la carga al inclinarse.

Si el centro de gravedad se encuentra entre las ruedas, el camión será estable.

 **Proyecto de estabilidad**

1 Fija una moneda sobre uno de los extremos de una caja de fósforos, de modo que sobresalga por uno de sus lados. Si la moneda está en la parte superior, la caja se volteará fácilmente al empujarla por uno de sus costados.

2 Ahora pon la moneda en la parte inferior. Puedes inclinar la caja y esta retomará su posición inicial al liberarla.

3 ¿Cuánto debe sobresalir la moneda en la parte superior para que la caja no se voltee?

MODELO DE GRÚA
PASO 2
LA CARROCERÍA

1 FABRICA LA CARROCERÍA
Dibuja en cartón grueso la parte **E** y recórtala. Luego dobla sus partes laterales y pégalas entre sí. ¡No olvides recortar los orificios **E1, E2, E3, E4** y **E5**!

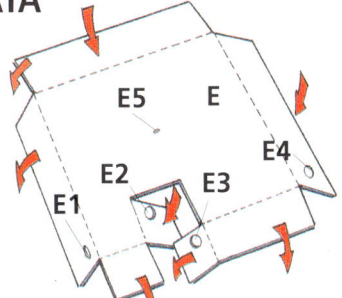

2 CONSTRUYE EL PIVOTE
Recorta la parte **F** sobre cartón grueso y enróllala sobre un tubo grande de cartulina o un rodillo de amasar. Pega sus extremos entre sí.

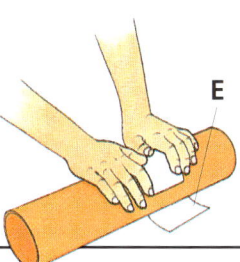

3 ADHIERE EL PIVOTE SUPERIOR
Une con pegante la parte **F** al costado inferior de la parte **E**, asegurándote de que el orificio **E5** quede justamente sobre el centro de **F**.

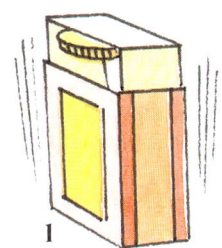

4 HAZLO ESTABLE
Pega tres o cuatro piedrecillas de tamaño mediano por dentro, en la parte posterior de la base **E**; así será más estable.

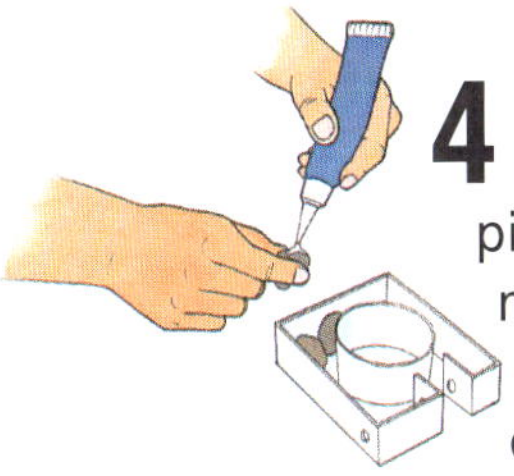

5 AÑADE ESTABILIDAD
Recorta la parte **G** (la cabina) hecha en cartulina gruesa. Dobla su parte posterior y sus costados y pégalos entre sí. Cuando el pegante seque, pega **G** sobre **E**.

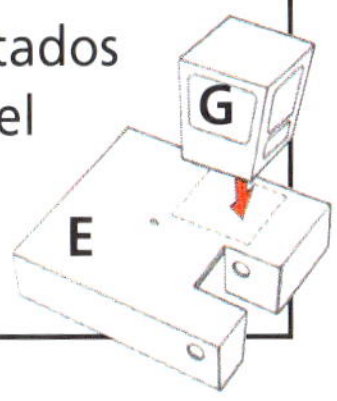

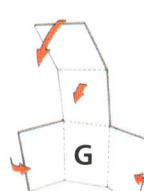
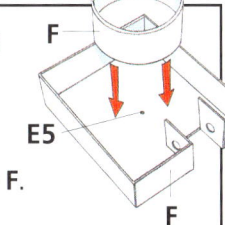

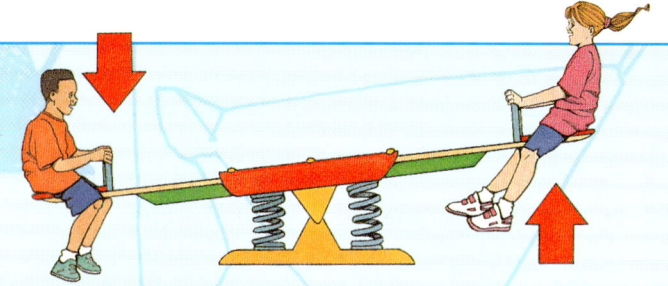

Un balancín es un ejemplo de una palanca de primer grado. Una persona pequeña sentada a cierta distancia del punto de apoyo o fulcro, puede balancear a una persona más pesada sentada muy cerca del punto de apoyo.

CAPÍTULO 2. PALANCAS Y POLEAS

Las palancas y poleas son dos de los mecanismos más simples de cualquier tipo de maquinaria y como tal son máquinas simples. Con ellas podemos transformar el tamaño y la dirección de las fuerzas, de modo que se ajusten a cualquier tipo de carga. Aunque el tamaño de la fuerza puede variar, la energía total suministrada será siempre la misma.

Una pata de cabra es una palanca sencilla. Si tomamos nuestra palanca a una distancia considerable, podremos mover un objeto pesado (roca) ubicado a una corta distancia del punto de apoyo.

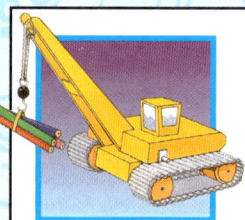

MODELO DE GRÚA
PASO 3

EL BRAZO DE LA GRÚA

1 FABRICA EL BRAZO
Recorta dos partes **H** en cartón grueso y abre un orificio sobre cada una de ellas. Luego pégalas a **E**. Asegúrate de que los orificios **E3** y **E2** estén alineados con los orificios sobre las dos partes **H**.

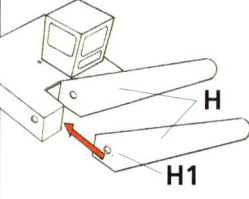

2 AÑADE LOS SOPORTES
Recorta las partes **J** e **I** en cartulina gruesa y pégalas al brazo. Pídele a un adulto que te ayude a cortar un trozo de 7.5 cm de largo de una barra de madera o de un lápiz; ajusta e inserta una armella a la mitad de la barra. Pégala al brazo con el ojo de la armella apuntando hacia abajo.

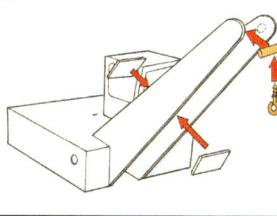

3 HAZ EL GARFIO
Inserta una armella cerrada y otra abierta a lados opuestos de la mostacilla de madera.

4 HAZ EL CABRESTANTE
Recorta las partes **K**, **L**, **M1**, **M2** y dos barras de madera, una 2.5 y otra de 10 cm de largo. Mete el trozo de madera más largo a través de **E4** y amárrale el extremo de una cuerda. Añádele **M1** y **M2**. Pega la barra de 2.5 cm a **K**. Adhiere **K** a la barra más larga y **L** al otro extremo.

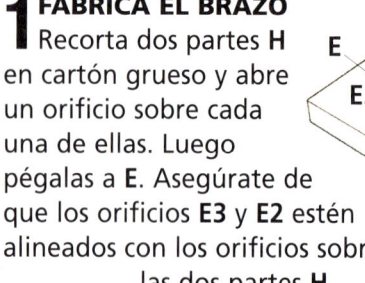

Equilibrio con monedas

En una palanca, una fuerza pequeña que ejerce presión a una gran distancia del fulcro puede equilibrar una fuerza mayor colocada a una distancia más corta de este. Inventa una balanza sencilla utilizando una regla y un objeto angulado. Intenta equilibrar la balanza con dos monedas del mismo tamaño **(1)** y luego cambia una de las dos monedas por una que pese la mitad **(2)**. ¿A qué distancia del fulcro debes colocar la moneda pequeña?

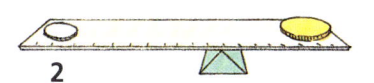

Esta grúa (*izquierda*) utiliza una polea (*arriba*) para levantar su carga y una palanca (*abajo*) para colocar la polea en la posición adecuada.

FUNCIONAMIENTO DE LAS PALANCAS

Las palancas utilizan fuerzas que las hacen girar en el punto de apoyo, lugar donde la palanca pivotea o gira. Si utilizamos una palanca más larga, la fuerza aplicada a la carga se incrementa, pero debemos desplazar la palanca a una distancia mayor para elevar la carga a esta misma distancia.

FUNCIONAMIENTO DE LAS POLEAS

Una polea sencilla nos permite cambiar la dirección de la fuerza que aplicamos (el esfuerzo). De esta manera, la persona o la máquina que realiza la fuerza puede permanecer en el piso. Las poleas compuestas incrementan el tamaño de la fuerza permitiéndonos levantar cargas mucho más pesadas.

Palancas combinadas

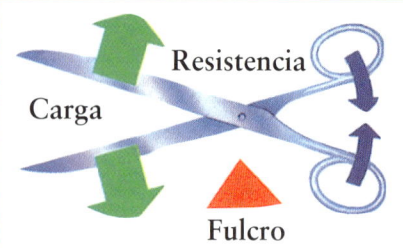

En unas tijeras hay una palanca de primer género. La fuerza se incrementa o reduce dependiendo del lugar donde se ubique el objeto que se va a cortar.

En máquinas como las retroexcavadoras se emplean varias palancas al mismo tiempo; esto se conoce como una palanca compuesta. Como las palancas no se flexionan, es importante que giren en diversos puntos. Así, una excavadora puede aplicar su fuerza en donde la necesite, e incrementarla o disminuirla para ajustarla al trabajo que va a realizar.

TIPOS DE PALANCAS

Hay tres clases o tipos de palancas dependiendo de la ubicación de la resistencia y la carga respecto al fulcro.

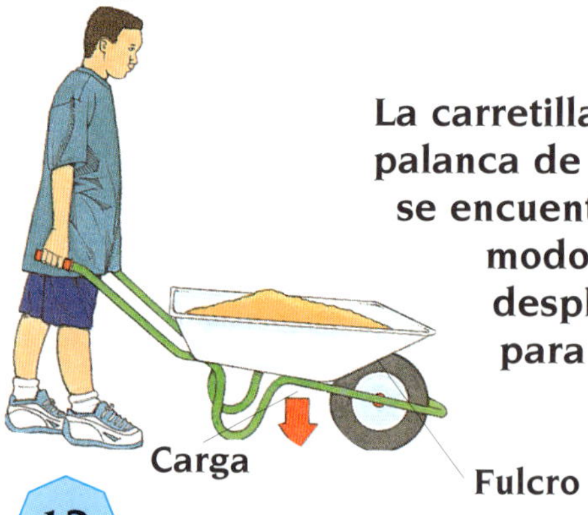

Primer género
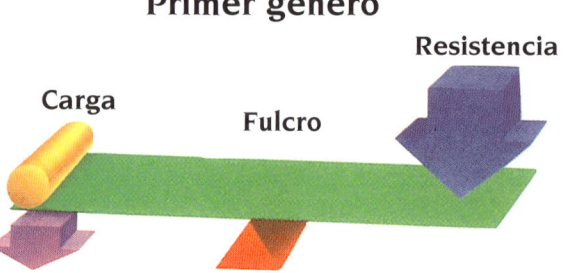

Segundo género
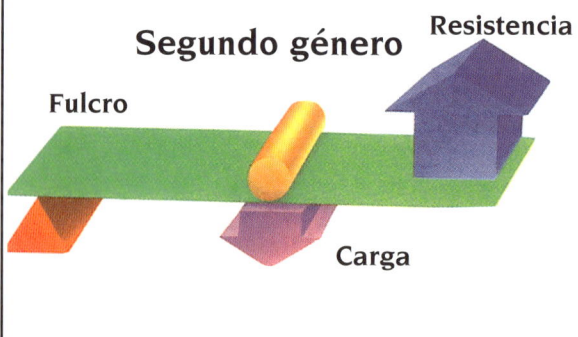

Tercer género
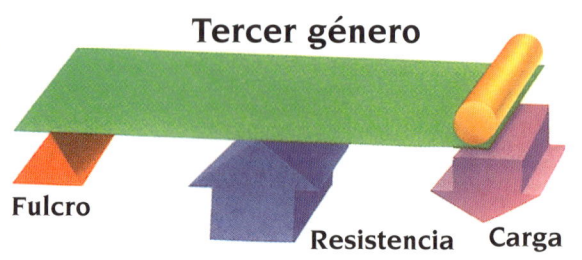

La carretilla es un ejemplo de palanca de segundo género. La carga se encuentra cerca del fulcro de modo que la resistencia debe desplazarse una gran distancia para elevar la carga un poco.

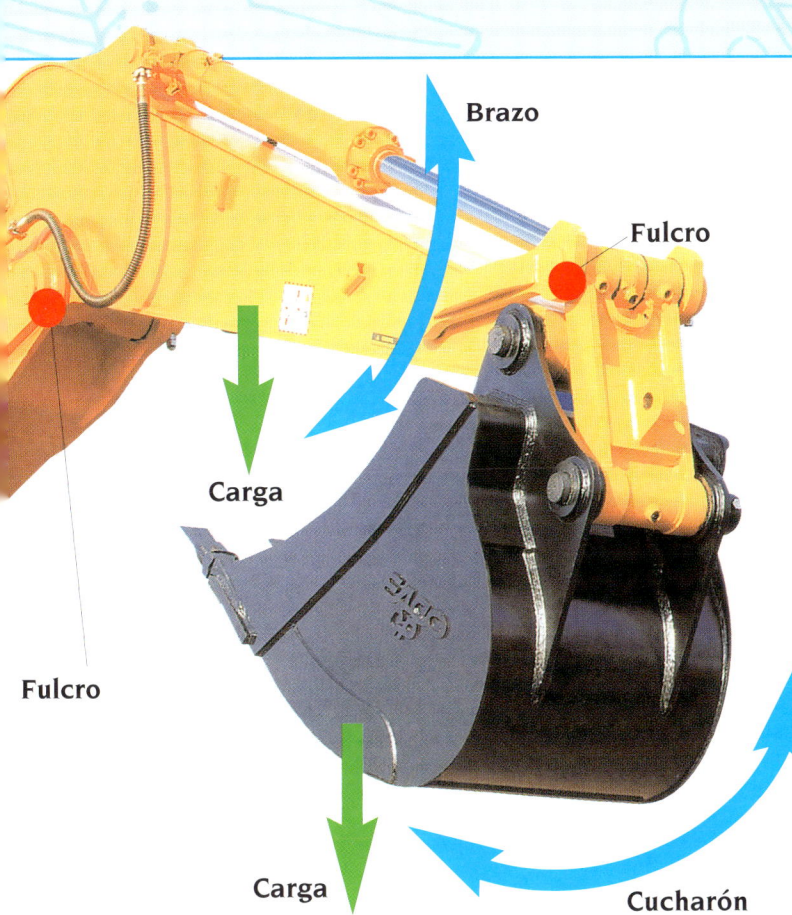

Brazo
Fulcro
Carga
Fulcro
Carga
Cucharón

La profundidad del orificio que se puede cavar depende de la longitud de su brazo y su elevador. Esta excavadora puede cavar un orificio de 6 m de profundidad.

RAMPAS

Las rampas son otro ejemplo de máquina sencilla. También se llaman cuña. Se utilizan para incrementar la distancia a la cual movemos un objeto para poder levantarlo en contra de la gravedad.

Los antiguos egipcios usaban cuñas para levantar las piedras con las cuales construían las pirámides, del mismo modo como se usan las rampas que observamos en los edificios modernos.

Rampa

RETROEXCAVADORA

Una retroexcavadora es una máquina compleja que combina tres palancas: el elevador, el brazo y el cucharón.

El elevador es una palanca de tercer género que asciende o desciende el cucharón. El brazo es una palanca de primer género que mueve el cucharón hacia adentro y hacia afuera. El cucharón en sí es otra palanca de primer género que se inclina para cavar un orificio y vaciar su carga.

PALANCAS VIVIENTES

El cuerpo de los seres vivos tienen palancas. El antebrazo humano es un ejemplo de palanca de tercer género. En él, por ejemplo, la enorme fuerza del músculo viaja una distancia muy corta para permitirle a la mano mover un objeto a una gran distancia.

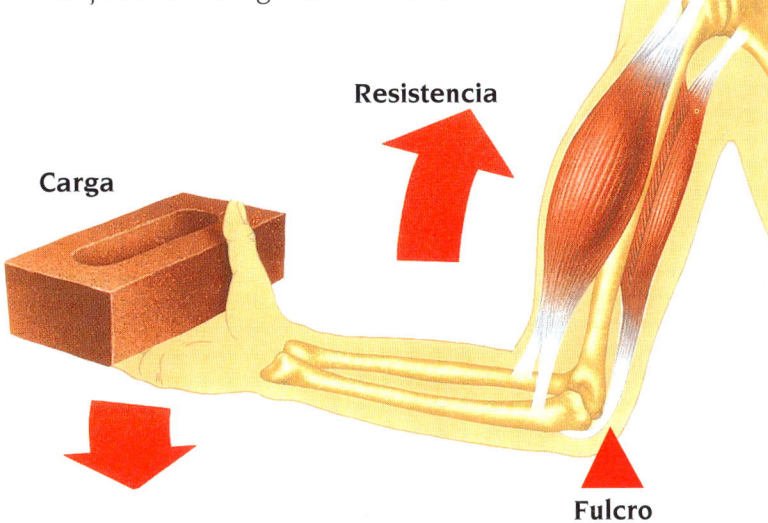

Carga
Resistencia
Fulcro

13

GRÚAS EN ÁREAS DE EMBARQUE

Las grúas grandes, fijas o sobre vías férreas se utilizan para transportar cargas desde barcos hacia trenes y camiones y para entregas terrestres.

Esta grúa (*derecha*) muestra el increíble tamaño de la carga que pueden transportar las poleas compuestas.

La cabina de control de la grúa torre se encuentra en su parte superior.

El operador observa la carga y el sitio de construcción y puede desplazar el brazo hacia donde se necesite.

GRÚAS

Las grúas son las máquinas grandes más comunes que emplean poleas. Como las poleas implican cables, ellas sólo pueden transportar los objetos hacia arriba (a diferencia de las palancas que pueden halar y empujar).

Las grúas deben ser estructuras rígidas que soporten el sistema de poleas sobre la carga.

Cabina de control

Contrapeso de concreto

Evalúa tu sistema de poleas.

🔧 Fuerza de arrastre

Fabrica una polea compuesta usando dos ganchos de colgar ropa. Amarra la cuerda al gancho superior y luego pásalo alrededor del gancho inferior. Cada vuelta incrementará la ventaja mecánica. Cuantas más vueltas, mayor carga podrás levantar.

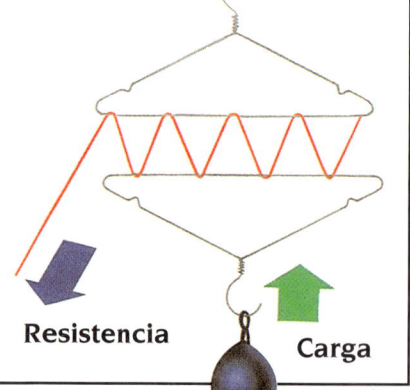

Resistencia   **Carga**

GRÚA TORRE

Las grúas torre se usan en la construcción de los rascacielos modernos. Al principio, la torre no debe ser alta, pero en cuanto el edificio va creciendo, la torre también debe hacerlo (*ver abajo*). Normalmente, la grúa se coloca dentro de lo que luego será el orificio del ascensor del edificio terminado. El único problema que genera es la manera en que va a retirarse una vez se ha construido el último piso del edificio.

El pescante o brazo principal de una grúa torre está hecho de puntales de acero.

El contrapeso se usa para equilibrar el peso del pescante que debe ser superior al de cualquier carga que deba levantar.

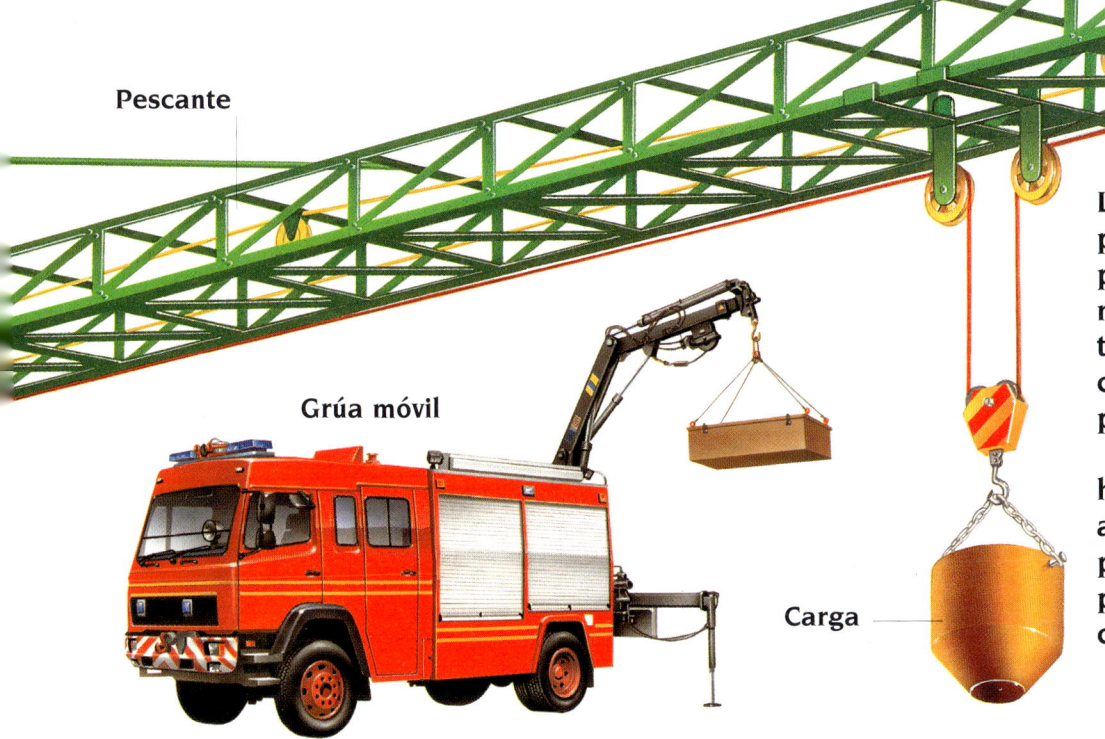

Pescante

Grúa móvil

Carga

La carga es levantada por un sistema de poleas compuestas, montado sobre un trole. Este puede cambiarse por cargas pesadas o livianas.

El trole se mueve hacia adentro o hacia afuera a lo largo del pescante, y este gira para acomodar la carga.

GRÚAS MÓVILES

Las grúas móviles pueden usarse en más sitios que las grúas torre, aunque requieren soportes especiales que aseguren su estabilidad. El brazo principal de la grúa se construye con varias palancas de modo que la carga pueda acomodarse con mayor exactitud.

Las grúas torre se construyen montando la cabina y el pescante sobre un talud hidráulico y, luego, elevando la siguiente sección de la torre para colocarla en su lugar (*derecha*). Algunas grúas tienen más de 180 m de altura.

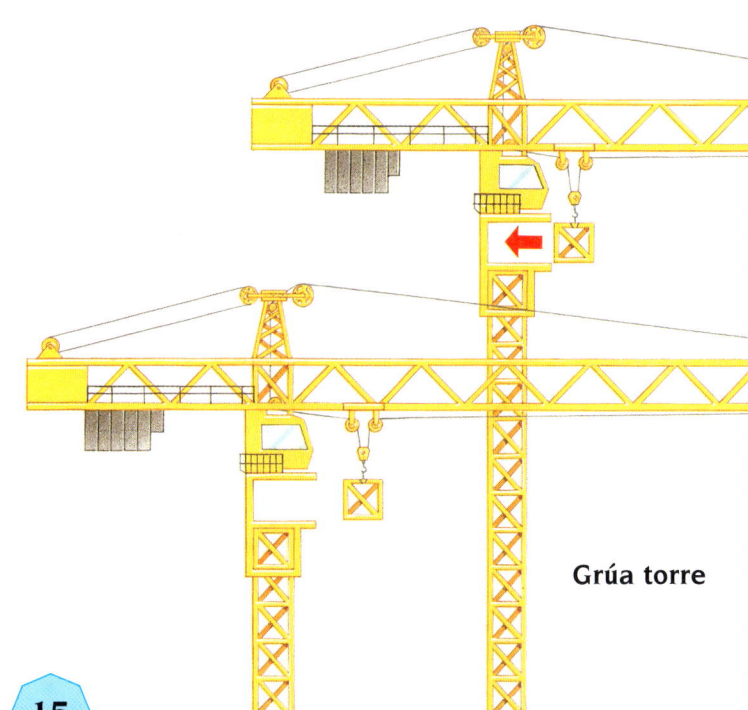

Grúa torre

TORNILLOS

Los tornillos son máquinas simples como las poleas y las palancas. Se utilizan para transformar una fuerza giratoria en una fuerza dirigida en línea recta.

La broca se usa para ejercer fuerza y perforar en el lugar adecuado; un taladro también es un tipo de tornillo. En este caso, la broca se coloca de modo que la rosca extraiga el material y forme un hueco.

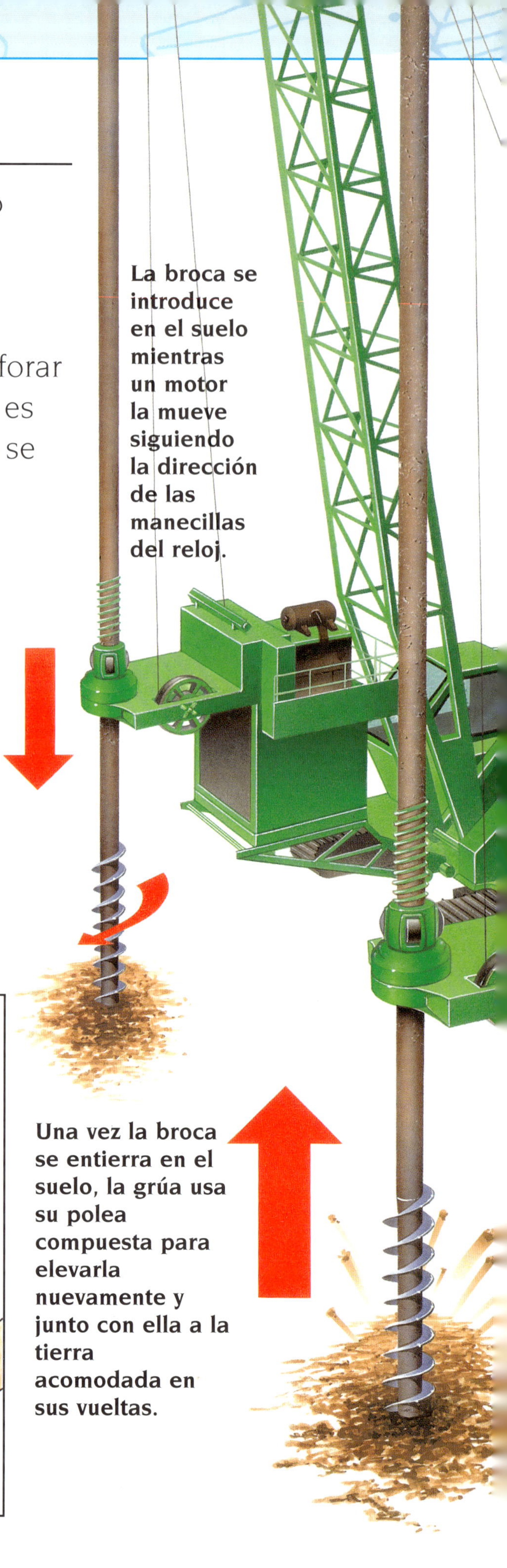

La broca se introduce en el suelo mientras un motor la mueve siguiendo la dirección de las manecillas del reloj.

Giro grande

Giro pequeño

Los destornilladores funcionan como palancas. Una fuerza pequeña usada para generar un gran giro del destornillador se transforma en una fuerza mayor usada para generar un pequeño giro del tornillo, empujándolo con fuerza dentro de la madera.

Rampas y tornillos

1 Compara un tornillo con una rampa enrollada alrededor de una barra. Toma un lápiz y enrolla un trozo triangular de papel (la rampa) a su alrededor (*abajo*).

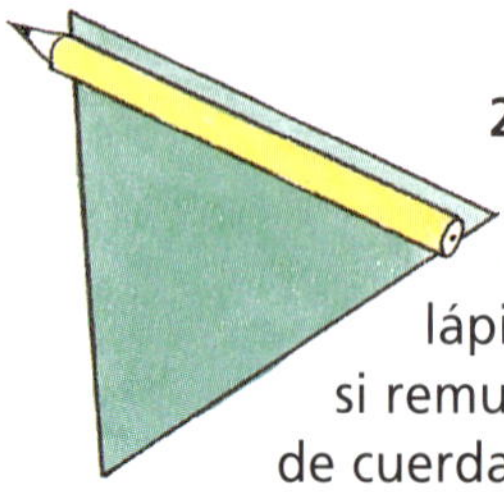

Una vez la broca se entierra en el suelo, la grúa usa su polea compuesta para elevarla nuevamente y junto con ella a la tierra acomodada en sus vueltas.

2 Para observar cómo se forma la rosca, toma dos trozos de cuerda y enróllalos alrededor del lápiz, uno al lado del otro. Ahora, si remueves uno de los dos trozos de cuerda, te quedará una rosca sobre el lápiz.

MEZCLADORA DE CEMENTO

Dentro de la mezcladora de cemento hay un tornillo grande fijo sobre su pared interna. Al rotar hacia uno de sus lados, el cemento es empujado hacia el frente y se mezcla. Si rota hacia el lado contrario, el cemento es expulsado fuera del camión listo para su uso.

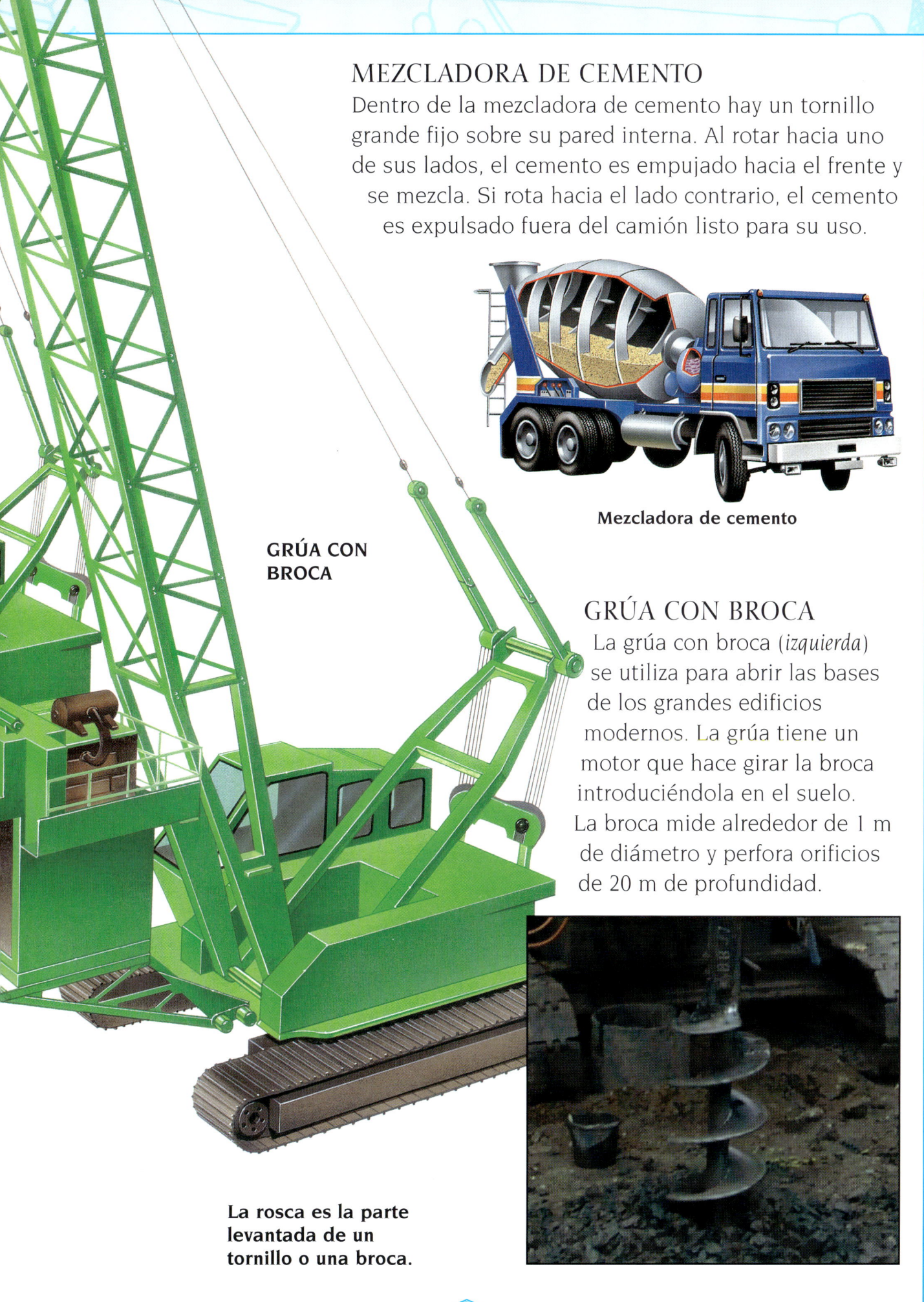

Mezcladora de cemento

GRÚA CON BROCA

GRÚA CON BROCA

La grúa con broca (*izquierda*) se utiliza para abrir las bases de los grandes edificios modernos. La grúa tiene un motor que hace girar la broca introduciéndola en el suelo. La broca mide alrededor de 1 m de diámetro y perfora orificios de 20 m de profundidad.

La rosca es la parte levantada de un tornillo o una broca.

CAPÍTULO 3. POTENCIA

El movimiento de las máquinas de construcción y los tractores no es muy rápido, pues deben desplazarse y levantar cargas muy pesadas –un camión grande resiste hasta 600 toneladas– para lo cual necesitan un motor muy poderoso.

Hoy, el motor utilizado en la mayoría de camiones es el diésel porque suministra la potencia necesaria para el sistema hidráulico (*ver página* 20).

QUÉ ES POTENCIA

Es la velocidad a la cual se realiza un trabajo. Una tarea siempre requerirá la misma cantidad de trabajo sin importar la velocidad a la cual se realice.

Por ejemplo, una persona puede suministrar la potencia necesaria para mover un carro (*abajo*); sin embargo, el carro se desplazará lentamente porque las personas no tienen demasiada fuerza. Una máquina puede suministrar la misma cantidad de potencia en un tiempo menor.

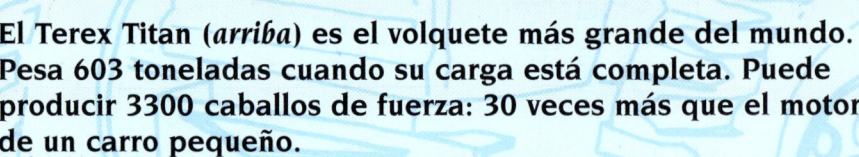

El Terex Titan (*arriba*) es el volquete más grande del mundo. Pesa 603 toneladas cuando su carga está completa. Puede producir 3300 caballos de fuerza: 30 veces más que el motor de un carro pequeño.

El combustible diésel es más económico que la gasolina, dato importante para los monstruos devoradores de gasolina como el que se muestra arriba. Los camiones grandes tienen además hasta 20 cambios hacia adelante y 4 hacia atrás, los cuales les permiten optimizar el uso del motor.

MODELO DE GRÚA
PASO 4

AGREGA EL CABLE

1 CUELGA EL GARFIO
Pasa la cuerda que viene desde el cabrestante sobre la barra que está en el brazo de la grúa y a través del ojo de la armella adjunto a la mostacilla. Luego amarra el extremo al ojo de la armella fija al brazo de la grúa.

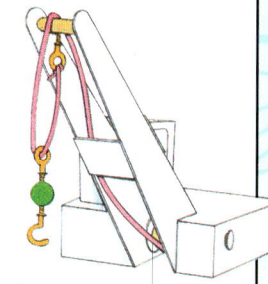

Cabrestante

TREN HIDRÁULICO

Algunas veces es más eficiente tener una sola fuente de potencia que abastezca todos los motores de una máquina compleja. Los trenes hidráulicos tienen un motor sencillo que provee potencia bombeando un líquido a alta presión a los motores de cada una de las ruedas.

POTENCIA ELÉCTRICA

Las grúas torre (*derecha*) son alimentadas por motores eléctricos porque es más fácil transportar electricidad hacia la cima de la grúa por medio de cables, que transportar diésel por tubería en donde podría gotear.

HIDRÁULICA

Los sistemas hidráulicos nos ofrecen otra manera de cambiar la dirección y la magnitud de una fuerza. Con un motor se bombea líquido a alta presión a lo largo de mangueras; el líquido empuja contra un émbolo dentro de un pistón, forzándolo a moverse.

¡Ensaya este experimento!

Proyecto hidráulico

1 Busca una bolsa plástica gruesa sin orificios (una bolsa para meter alimentos en el congelador). Inserta un tubo plástico por su boca y séllala con cinta pegante.

2 Coloca la bolsa en el piso y pon sobre ella una tabla sólida. Luego llena el tubo con agua y conéctalo al extremo de una botella plástica llena de agua. Todas las uniones deben estar muy bien selladas.

3 Ahora, párate sobre la tabla y oprime la botella plástica. ¡Sentirás cómo el agua que está en la bolsa te eleva del suelo!

El émbolo del pistón se mueve hacia arriba.

Émbolo del pistón

1. El líquido bombeado dentro del pistón, a lo largo de mangueras, empuja el émbolo del pistón hacia afuera con mucha fuerza.

2. Otro pistón se utiliza para hacer girar el cucharón y recoger la tierra.

20

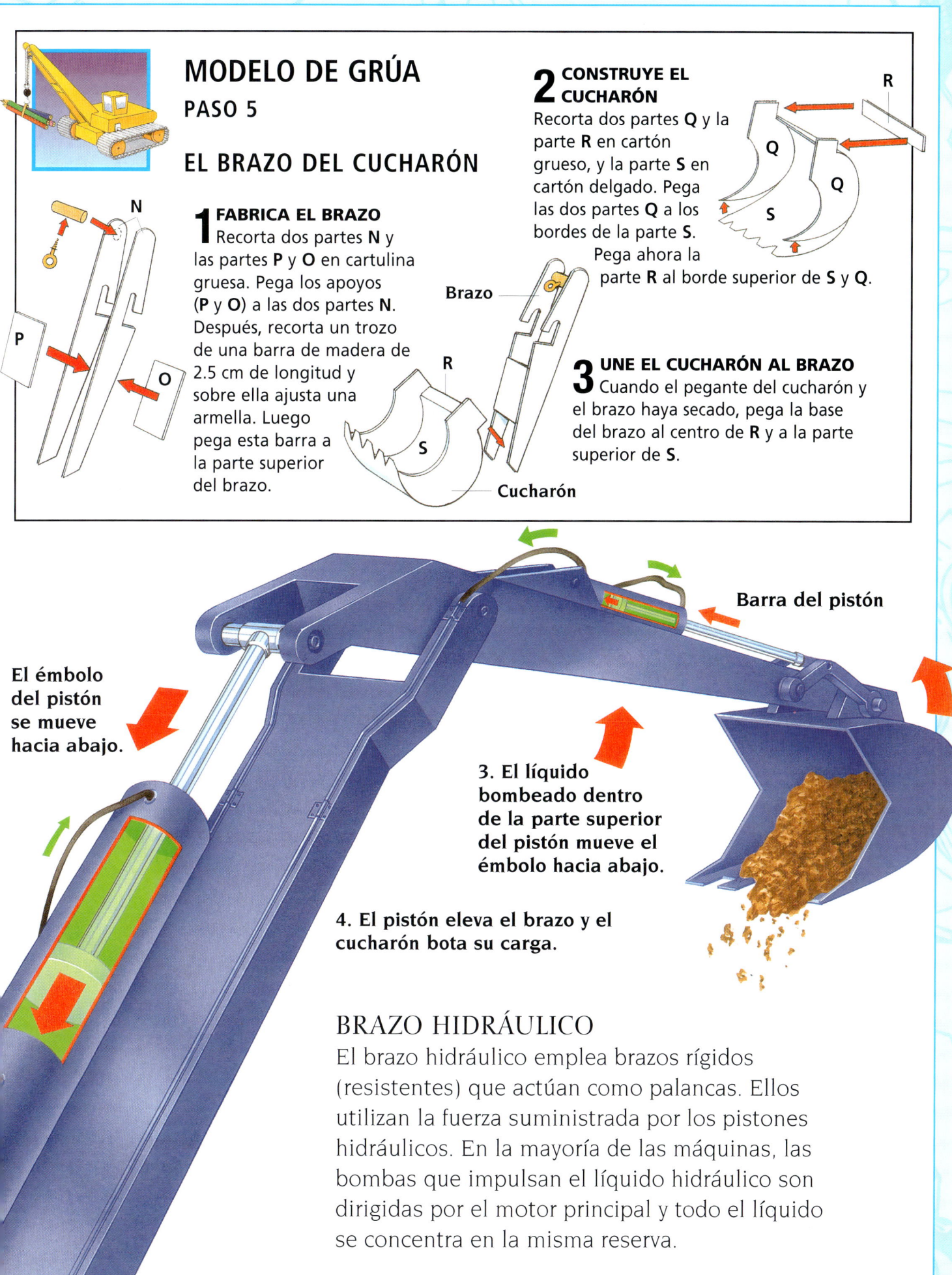

MODELO DE GRÚA
PASO 5

EL BRAZO DEL CUCHARÓN

1 FABRICA EL BRAZO
Recorta dos partes **N** y las partes **P** y **O** en cartulina gruesa. Pega los apoyos (**P** y **O**) a las dos partes **N**. Después, recorta un trozo de una barra de madera de 2.5 cm de longitud y sobre ella ajusta una armella. Luego pega esta barra a la parte superior del brazo.

2 CONSTRUYE EL CUCHARÓN
Recorta dos partes **Q** y la parte **R** en cartón grueso, y la parte **S** en cartón delgado. Pega las dos partes **Q** a los bordes de la parte **S**. Pega ahora la parte **R** al borde superior de **S** y **Q**.

3 UNE EL CUCHARÓN AL BRAZO
Cuando el pegante del cucharón y el brazo haya secado, pega la base del brazo al centro de **R** y a la parte superior de **S**.

El émbolo del pistón se mueve hacia abajo.

Barra del pistón

3. El líquido bombeado dentro de la parte superior del pistón mueve el émbolo hacia abajo.

4. El pistón eleva el brazo y el cucharón bota su carga.

BRAZO HIDRÁULICO

El brazo hidráulico emplea brazos rígidos (resistentes) que actúan como palancas. Ellos utilizan la fuerza suministrada por los pistones hidráulicos. En la mayoría de las máquinas, las bombas que impulsan el líquido hidráulico son dirigidas por el motor principal y todo el líquido se concentra en la misma reserva.

Proyecto neumático

Los gases comprimidos contra objetos sólidos pueden forzarlos a moverse. Produce un gas añadiendo bicarbonato de sodio y vinagre en una botella plástica: vierte media taza de vinagre, luego echa el bicarbonato por un embudo en la botella. Tapa la botella con un corcho y notarás cómo la presión del gas lo expulsará.

RETROEXCAVADORA PERFORADORA

El motor hidráulico de la excavadora hace que la presión hidráulica actúe en el pistón del taladro, en ráfagas cortas pero definidas.

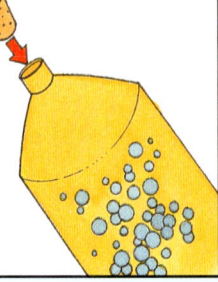

Al mismo tiempo, los pistones del brazo presionan hacia abajo sobre el taladro forzándolo a introducirse en el suelo.

CAPÍTULO 4. CONTROLES

Los controles neumáticos (sistemas que emplean aire comprimido) y los hidráulicos (sistemas que usan líquidos comprimidos) se utilizan en el control de las máquinas de construcción.

Los neumáticos son menos eficientes porque el aire se calienta al comprimirse, pero son más simples porque solamente succionan el aire del exterior.

Puedes crear la presión para expulsar un corcho sin utilizar químicos. Si saltas sobre una botella, obtendrás el mismo efecto. ¡Ten mucho cuidado!

MODELO DE GRÚA
PASO 6

BRAZO DEL CUCHARÓN

Brazo del cucharón

1 AÑADE EL BRAZO DEL CUCHARÓN
Engancha el brazo en la barra transversal de madera de la parte superior del brazo de la grúa. Ahora amarra la cuerda que viene desde el cabrestante al ojo de la armella cerrada que está en la mostacilla.

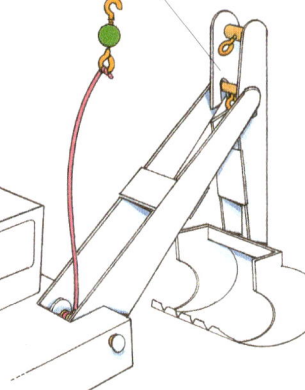

2 OPERA EL BRAZO DEL CUCHARÓN
Mete la armella abierta en el ojo de la armella colocada sobre la barra del brazo del cucharón. Ya está listo para operar el brazo del cucharón: solamente debes girar la manija del cabrestante y elevar el cucharón.

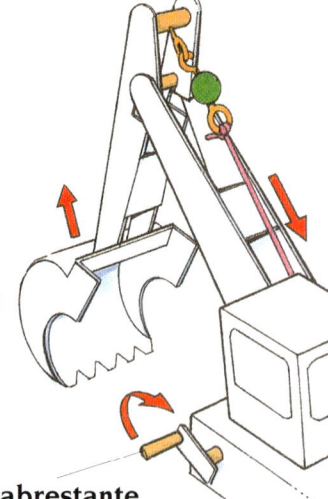

Manija del cabrestante

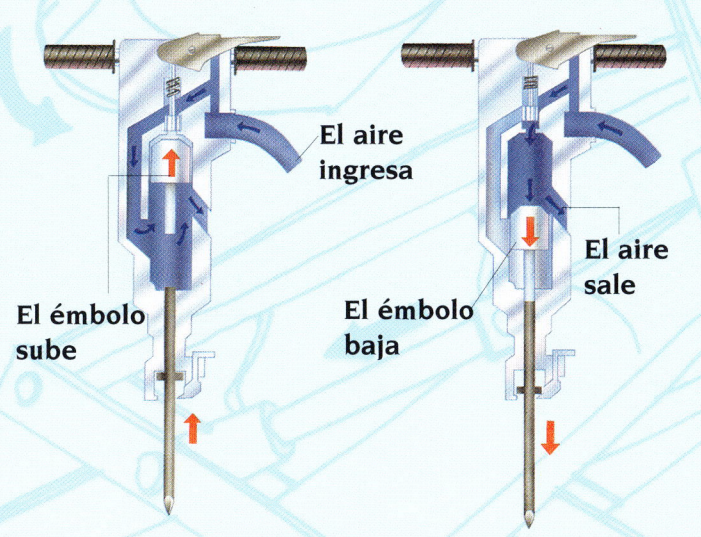

TALADRO NEUMÁTICO

Los taladros neumáticos emplean aire comprimido para su funcionamiento. Un compresor bombea el aire hacia el taladro y una serie de válvulas que controlan el flujo del aire empujan un gran peso hacia arriba y hacia abajo. Posteriormente, el aire es liberado hacia el exterior; por eso estos taladros son tan ruidosos.

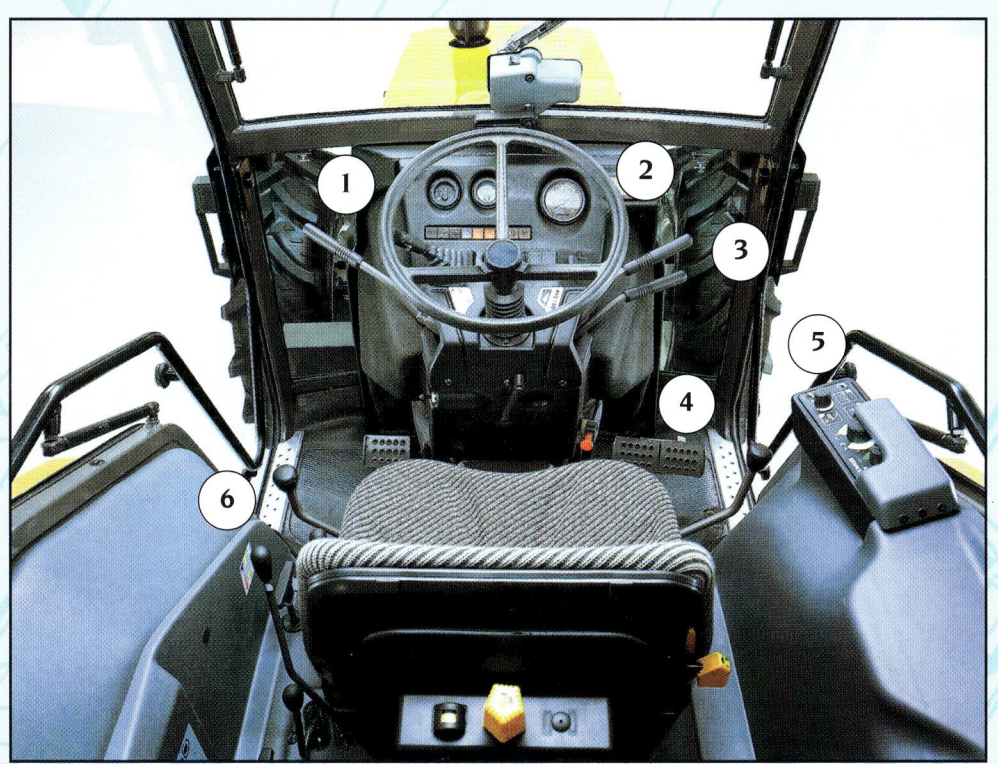

INTERIOR DE LA CABINA

1. Palanca para seleccionar dirección hacia adelante o hacia atrás.
2. Panel de instrumentos.
3. Palancas para la corneta y luces indicadoras del camino.
4. Pedales del freno y del acelerador.
5. Interruptor de inicio y controles de calentamiento.
6. Palancas del control hidráulico.

LA CABINA

La cabina de cualquier vehículo protege al conductor y contiene los controles para operar la máquina. Algunos de los controles operan las válvulas del sistema hidráulico. Aunque existen varios sistemas, la retoexcavadora solamente requiere un motor.

La dirección asistida (*derecha*) emplea la hidráulica para empujar las ruedas hacia los costados. El líquido bombeado dentro de los pistones mueve los émbolos hacia adentro y hacia afuera.

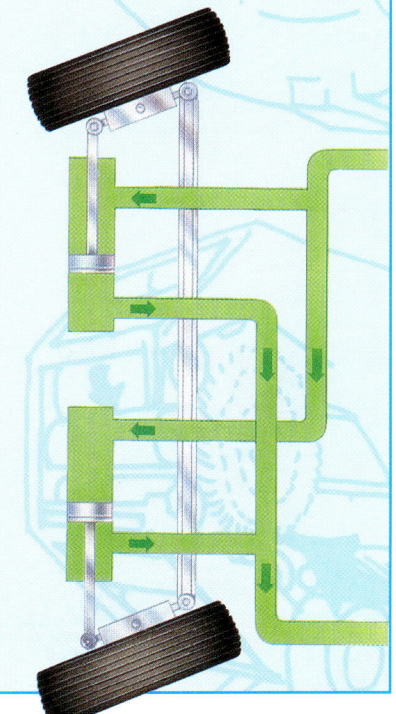

SISTEMAS DEL CAMIÓN

Los camiones transportan cargas de un sitio a otro, pero también deben levantarlas. Cuando viajan cuesta arriba, deben cargar su embalaje y a ellos mismos. Las ruedas transforman la fuerza giratoria del motor en una fuerza que impulsa el camión hacia adelante. Los camiones usan los sistemas hidráulicos para descargar su embalaje y para la dirección.

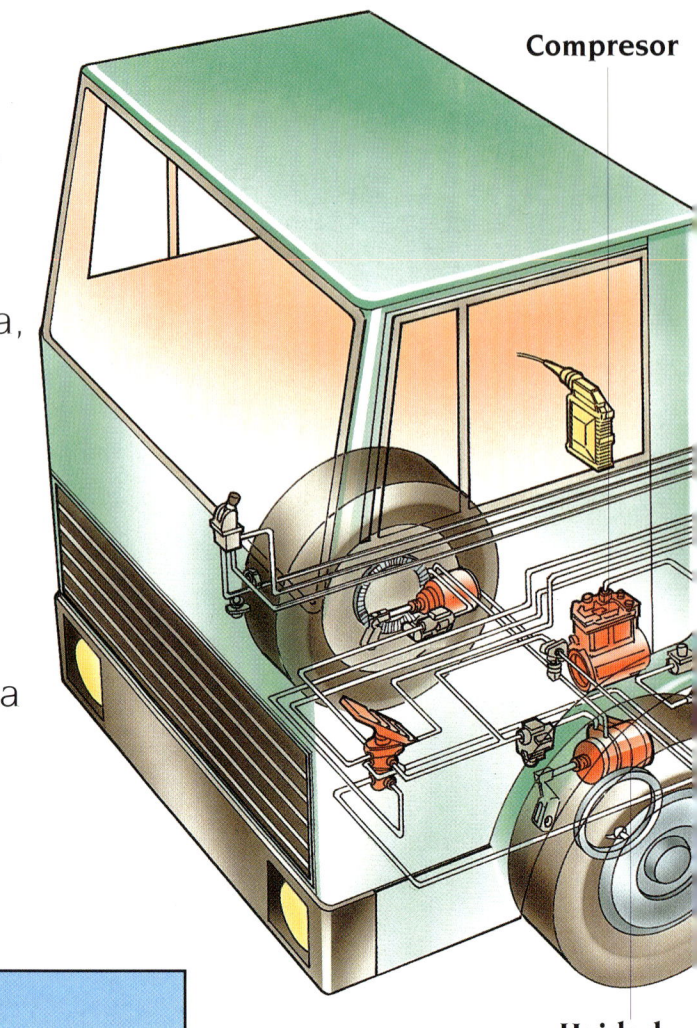
Compresor

Unidad de freno en cada rueda.

Añade la sección entre las orugas.

Los camiones tienen forma suave para reducir su resistencia.

CILINDRO HIDRÁULICO

Los camiones utilizan cilindros hidráulicos para vaciar su carga. El cilindro funciona del mismo modo que lo hacen los pistones de un brazo hidráulico, y su longitud, al igual que los telescopios, se puede aumentar. Un líquido permite el desplazamiento de varios tubos cada uno dentro del otro.

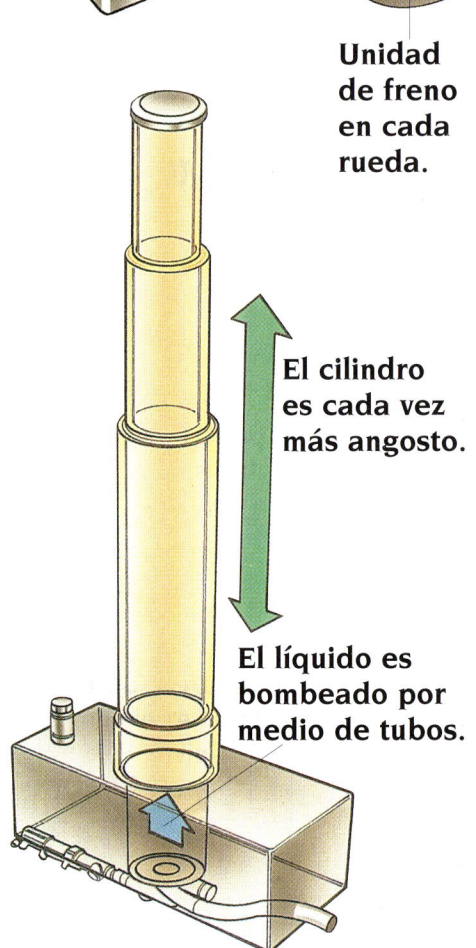
El cilindro es cada vez más angosto.

El líquido es bombeado por medio de tubos.

FRENOS DE AIRE

La mayoría de camiones emplea frenos de aire. Estos requieren alta presión de aire suministrada por un compresor. El aire pasa entre la parte interna de las ruedas y las pastillas de los frenos o zapatas.

Cuando el conductor coloca su pie sobre el freno, el flujo de aire se interrumpe y las pastillas son oprimidas contra las ruedas y paran al camión.

El aire pasa con fuerza entre la parte interna de las ruedas y las pastillas de los frenos. Al pisar el freno, las pastillas son oprimidas contra las ruedas.

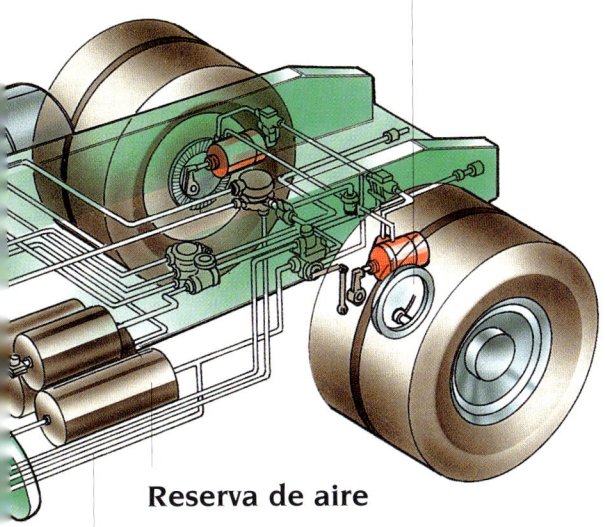

Reserva de aire

Las mangueras de los frenos conectan el compresor con las unidades de los frenos.

Un montacargas puede transportar cargas de tamaño estándar. Sus horquillas encajan perfectamente bajo las tarimas, paletas o contenedores, y utilizan sus cilindros hidráulicos para levantar y apilar la carga.

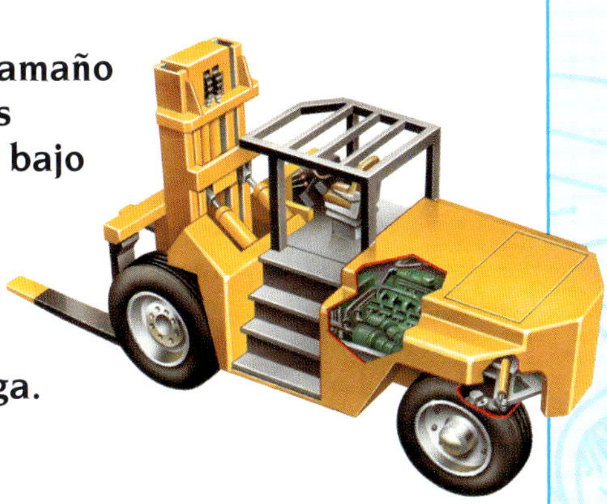

CABINAS DE LOS CAMIONES

Los conductores de camión pasan una gran cantidad de tiempo en las carreteras, por lo que sus cabinas son muy cómodas.

1. Sistema de información o radio.
2. Panel de instrumentos.
3. Mesas plegables para los mapas.
4. Espacio de almacenamiento.
5. Cama.

MODELO DE GRÚA
PASO 7

AÑADE EL PIVOTE

1 FABRICA EL PIVOTE INFERIOR
Recorta la parte **T** en cartulina gruesa y enróllala sobre un tubo grande de cartulina. Pega sus extremos entre sí.

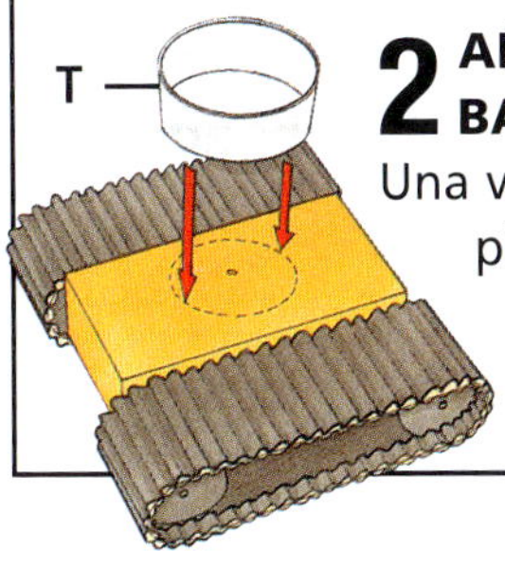

2 AÑADE EL PIVOTE A LA BASE DE LAS ORUGAS
Una vez el pegante haya secado sobre el pivote inferior, pega **T** sobre el círculo punteado que se encuentra encima de la base de las orugas.

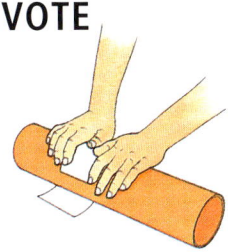

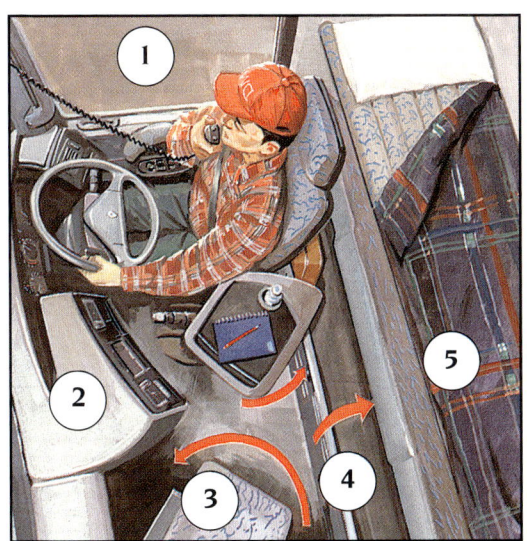

TRACTORES MULTIPROPÓSITO

Evalúa el modelo terminado.

La palabra tractor significa "máquina para halar y empujar", pero al añadirle diferentes accesorios a sus partes frontal y trasera, el tractor puede realizar un gran número de tareas. Su pesado motor y sus sistemas hidráulicos se ubican hacia abajo para darle estabilidad, y su fuerte cabina protege al conductor.

Cabina fuerte

Las ruedas grandes suministran agarre adicional.

LEVANTAMIENTO DE CARGAS MUY PESADAS

El sistema hidráulico del tractor impulsa el brazo y cucharón. Para levantar cargas demasiado pesadas, se coloca un contrapeso en su parte posterior.

MODELO DE GRÚA
PASO 8

LA GRÚA TERMINADA

1 TERMINA TU GRÚA
Pinta todas las partes de la grúa. Luego pasa una banda elástica por los orificios que se encuentran en medio de **F** y **T**. Finalmente, pasa un palo de fósforo a través de los orificios de cada extremo para unir **F** y **T**.

2 PRUEBA TU MODELO
Tu modelo ya está completo. Úsalo como grúa o añade el accesorio del excavador con la cuchara.

EMPUJE

Los tractores usados para arar la tierra deben tener una gran fuerza de empuje. Sus grandes neumáticos posteriores proveen buen agarre y dispersan el peso sobre el suelo blando.

Motor poderoso

Sistemas hidráulicos para los accesorios frontales y traseros.

TRACTOR RETROEXCAVADORA

Al usarlo con un brazo para cavar o levantar cargas en su parte posterior (*abajo*), sus patas hidráulicas ayudan a evitar que el tractor se incline al mover la carga hacia sus costados.

TRACTOR RETROEXCAVADORA PERFORADORA

Una pala se puede usar como una palanca para aplicar la fuerza. Al sostener la pala hacia abajo en la parte frontal, la fuerza ejercida sobre la perforadora se incrementa porque la pala actúa como fulcro de la palanca (*izquierda*).

PRINCIPIOS CIENTÍFICOS
Pon a prueba tus conocimientos

FUERZA Y TRABAJO

Fuerza es el nombre científico dado a la acción de empujar y halar. Cuando una fuerza mueve un objeto está suministrándole energía. Cuando una persona u objeto realizan una gran cantidad de trabajo, transfieren una gran cantidad de energía de un objeto a otro.

MÁQUINAS SIMPLES

En épocas remotas existían cinco máquinas simples: la rueda, la palanca, la polea, el tornillo y la rampa. Estas máquinas podían usarse al levantar cargas demasiado pesadas para una sola persona.

PALANCAS

La palanca hace que una fuerza pequeña que se desplaza a una gran distancia genere una gran fuerza que se desplaza una distancia muy pequeña. La palanca más simple es una barra rígida que gira alrededor de un punto llamado fulcro. Esta es una palanca de primer género (balanza) donde el fulcro se encuentra entre la carga y la resistencia.

Una palanca de segundo género (destapador de botellas) coloca la carga entre el fulcro y la resistencia. En una palanca de tercer género (como las pinzas), la resistencia se encuentra entre el fulcro y la carga.

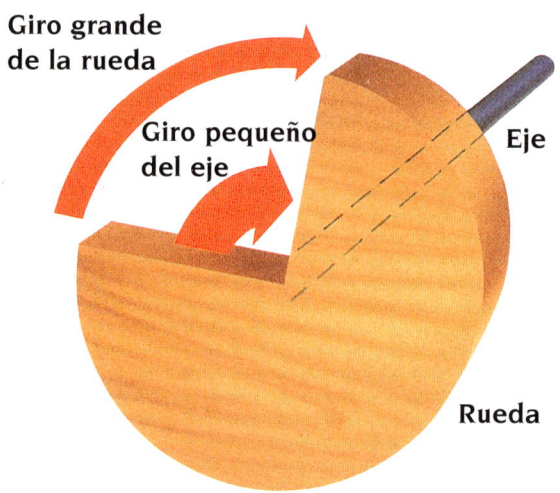

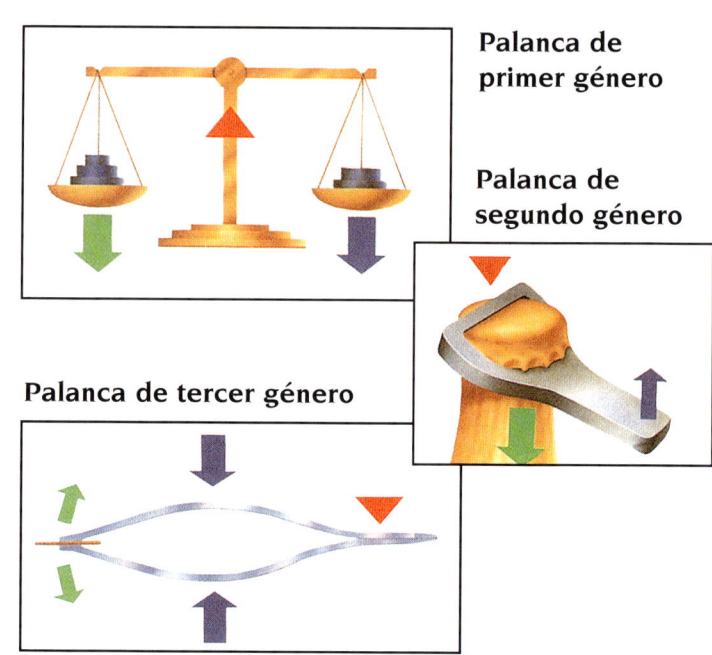

RUEDAS Y EJES

Los ejes funcionan como palancas (*arriba*). Cuando el eje realiza un giro pequeño con una gran fuerza, la rueda gira a una distancia mayor con una fuerza menor. El eje es más pequeño y por tanto hay menos fricción en las partes donde roza al vehículo.

1. *¿Qué tipo de palanca usa la carretilla y cuál el balancín? Las respuestas a todas las preguntas de las páginas 28-29 se encuentran en la página 32.*

POLEAS

Las poleas nos ayudan a levantar objetos que se encuentran en el piso. Varias poleas unidas entre sí forman una polea compuesta (*derecha*). En una polea compuesta, al halar la cuerda a una gran distancia se eleva una carga pesada a una corta distancia.

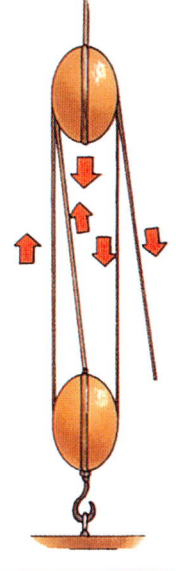

> **?** **2.** ¿Por qué algunos vehículos tienen orugas? **2b**. ¿Dónde debe estar su peso para que sean estables?

TORNILLOS

Los tornillos tienen la apariencia de las palancas. Una fuerza pequeña que genera un gran giro en la parte superior del tornillo se transforma en una fuerza grande utilizada para generar un giro pequeño en el tornillo, empujándolo con fuerza dentro de la madera.

RAMPAS

Las rampas ayudan a las personas a incrementar la distancia a la cual desplazan un objeto contra la fuerza de gravedad. Cuanto menor sea la pendiente de la rampa, menor es la fuerza que se requiere para levantar la carga.

> **?** **3.** ¿Cuáles son las ventajas y desventajas de utilizar sistemas neumáticos en vez de sistemas hidráulicos?

TÉRMINOS TÉCNICOS

Balanceado: objeto o vehículo que no se cae por sí mismo.

Compresor: máquina que comprime el aire para utilizarlo en los sistemas neumáticos.

Compuesto: sistema con más de una parte; por ejemplo, una palanca compuesta combina dos o más palancas.

Brazo hidráulico

Contrapeso: peso utilizado para balancear la carga de una grúa o un camión.

Estable: vehículo que regresa a su posición original después de inclinarse.

Fulcro: el pivote de una palanca.

Gravedad: la fuerza que atrae todo a nuestro alrededor hacia el suelo. La gravedad también atrae a dos objetos, uno contra el otro.

Hidráulica: máquina que utiliza un líquido bombeado a alta presión para empujar el pistón.

Neumática: máquina que funciona utilizando aire comprimido.

Pescante: brazo largo de una grúa.

Resistencia: cuando el aire fluye contra un objeto y le obliga a disminuir su velocidad.

Rosca: parte elevada de un tornillo que agarra la madera o el suelo dentro del cual está insertándose.

Tracción: palabra científica que significa agarre.

PARTES DEL VEHÍCULO

Aunque los tractores y camiones tienen apariencia diferente, algunos de sus sistemas son muy similares como el motor diésel y las bombas hidráulicas. La mayoría de grúas se fijan al suelo, de modo que no necesitan sistemas de frenos ni de dirección, y los movimientos de sus brazos son generados por motores eléctricos.

1 VOLANTE
Los tractores y camiones tienen dirección de energía hidráulica.

2 MOTOR
Algunos tractores y la mayoría de los camiones tienen motor diésel. En los motores diésel el combustible es iniciado por aire calentado a 4500 °F por compresión.

3 TRACCIÓN DE CUATRO RUEDAS
Los tractores grandes tienen tracción en las cuatro ruedas que suministran mayor agarre.

4 RUEDAS
Los vehículos todo terreno tienen neumáticos con labrados grandes para mayor tracción.

5 HIDRÁULICO
El sistema hidráulico controla la posición de funcionamiento de los accesorios adicionales montados sobre el tractor.

6 TOMA DE FUERZA
La toma de fuerza (PTO por sus siglas en inglés) suministra potencia a las máquinas conectadas a un tractor aprovechando la potencia generada por el motor del tractor.

TEST SOBRE RUEDAS
En estas figuras se presentan algunas ruedas de máquinas. Identifica a qué vehículo pertenecen. Las respuestas se encuentran en la página 32.

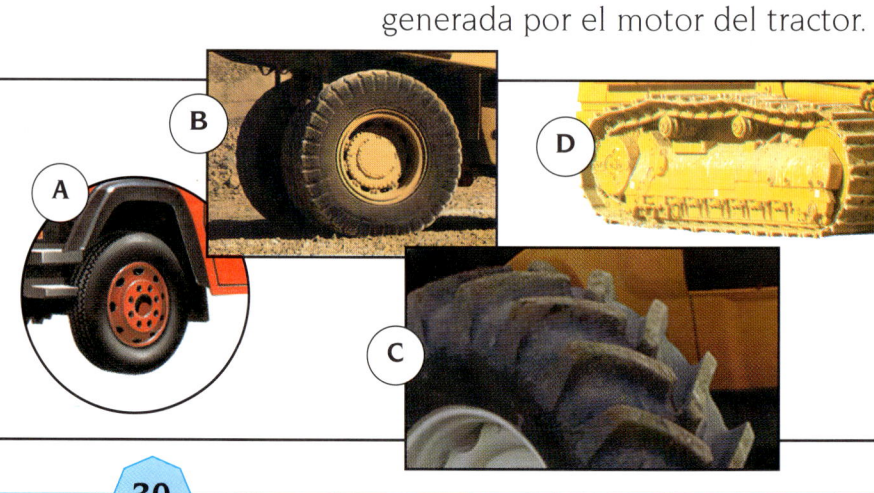

7 CABEZOTE
Se denomina también a la parte frontal del camión e incluye el motor y la cabina. La cabina es un lugar seguro para el trabajo del conductor.

8 CAMBIOS
Los camiones grandes tienen hasta 20 cambios hacia adelante y 4 hacia atrás para aprovechar al máximo su motor en cualquier tipo de clima.

ACCESORIOS
Los camiones, tractores y grúas utilizan una gran variedad de sistemas hidráulicos y neumáticos.
¿Qué tipo de sistemas de carga y perforación son estos? Las respuestas están en la página 32.

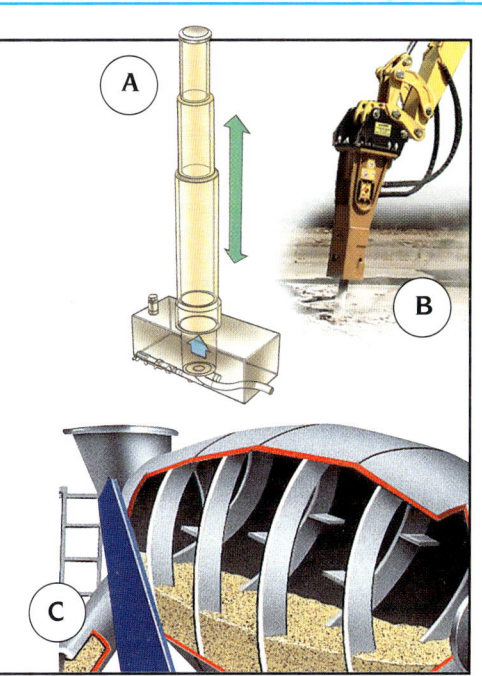

11 TANQUE
Los tanques se usan para transportar gases comprimidos o líquidos como la leche.

13 MOTOR ELÉCTRICO
Las grúas son impulsadas por motores eléctricos que evitan el peligro de un incendio a causa de perforaciones en el tubo del combustible.

14 PESCANTE
Brazo principal de la grúa.

15 POLEAS
Las poleas compuestas se usan para levantar cargas muy pesadas.

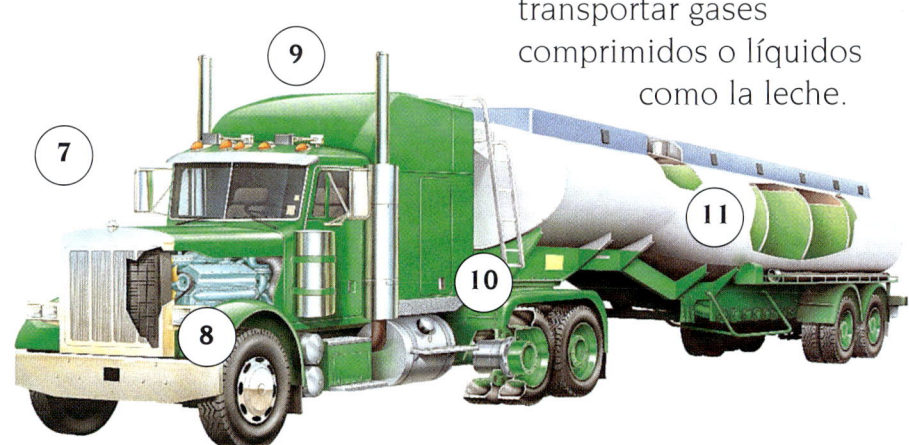

9 AERODINAMISMO
La resistencia disminuye la velocidad de cualquier objeto en movimiento. La mayoría de camiones tienen forma larga y aerodinámica para reducir la resistencia.

10 REMOLQUE
La carga es transportada por el remolque enganchado al cabezote.

12 CONTRAPESO
Cargas demasiado pesadas como bloques de concreto se usan para equilibrar la carga sostenida por la grúa.

16 CONTENEDORES
Los contenedores se utilizan para cargar concreto húmedo.

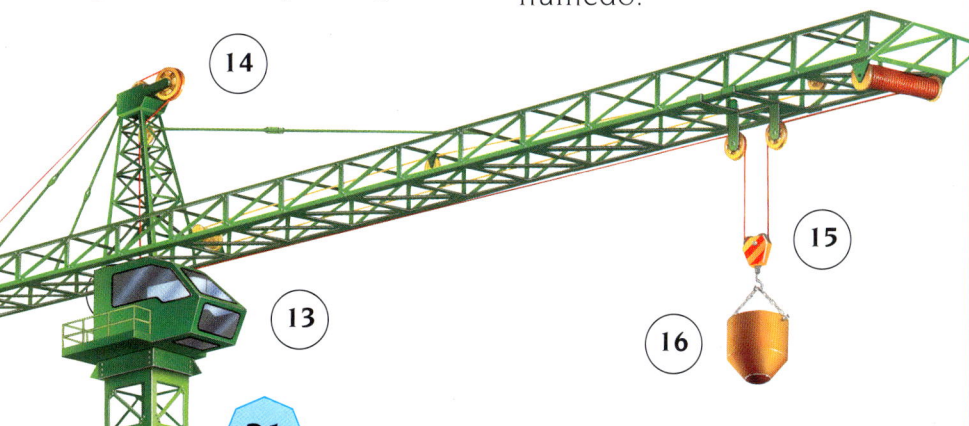

ÍNDICE

antebrazo humano 13

balancín 10
balanzas 28
brazo 20-22, 26-27
brocas 16-17
buldócer 6

cabinas 5, 14, 23, 25, 26
cambios 19, 31
camiones 3, 19, 24-25, 30-31
carretillas 12
cavador 30
combustible 19, 30-31
compresores 29
contrapeso 8, 14-15, 26, 29, 31
controles neumáticos 22-23, 29
cucharones 13, 26, 31

destapadores de botella 28
destornilladores 16

ejes 28
equilibrio 8, 11,
estabilidad 4, 8-9, 29
elevadores 12, 13
esfuerzo 11

frenos de aire 25
fuerza 4, 10-13, 28
fulcro 10-13, 27-29

gravedad 8, 29
   centro de 8, 9
grúas 3-5, 8, 11, 14-15, 17, 19, 31
   con broca 17
   en áreas de embarque 14
   móviles 5, 15
   torre 14, 15, 19

hidráulica 4, 20-24, 26, 29-31
   brazos 21, 29
   cilindro 24, 31
   patas 27
   perforadores 22-23, 27
   tren 19

mezcladora de cemento 17
montacargas 25
motor de vapor 4
   diésel 30
   eléctricos 19, 31

orugas 6-7

palancas 10-13, 27-28
   compuestas 12, 29
   tipos de 12, 28
pata de cabra 10
perforadoras 16-17, 27-29
pescante 15, 29, 31
pistones 20-23
pinzas 28
poleas 11, 14-15, 29, 31
   compuestas 11, 14, 29
potencia 18, 19, 30

quitanieves 7

rampas 13, 28-29
remolques 31
resistencia 24, 29, 31
retroexcavadora 4, 12-13, 22-23
rosca 17, 29
ruedas 5, 9, 24-26, 28, 30

tanque 31
Terex Titan 18
tijeras 12
toma de fuerza 30
trabajo 28
tracción (agarre) 6, 27, 29
tractores 3, 26-27, 30

volante 30

Modelo de grúa terminado

Respuestas: páginas 28-29
1. Una pata de cabra es una palanca de segundo género y un balancín es una palanca de primer género.
2a. Las orugas dispersan el peso de un vehículo sobre suelo blando; también suministran buen agarre y mantienen el vehículo estable.

2b. El peso (el motor y la carga) debe permanecer lo más cercano al suelo posible.
3. El aire en un sistema neumático se calienta al comprimirse y de este modo desperdicia energía, pero a diferencia del líquido en el sistema hidráulico, el aire es bombeado desde el exterior de modo que no es importante reciclarlo.

Página 30 A = grúa móvil, p.15;
B = camión gigante, p.19;
C = tractor, p.5; D = buldócer, p.6.
Página 31 A = cilindro hidráulico en un camión, p.24;
B = retroexcavadora, p.27;
C = mezcladora de concreto, p.17.

CRÉDITOS DE LAS FOTOGRAFÍAS

Abreviaturas: a: arriba o parte superior; m: medio; ab: abajo o parte inferior; d: derecha, iz: izquierda; c: centro.
1, 8-9: Scania. 2, 12: JCB. 4-5, 6: CAT, 5abiz, 23, 26, 27i, 27ad, 30abd: Renault, 7: Frank Spooner Pictures. 5ad, 8abiz: Liebherr. 8c, 27md, 27abiz, 30md: John Deere. 11, 17, 19abd: Select Pictures. 14a: Sunderland Shipbuilders. 19abiz, 30mab: Digital Stock. 22: Paul Nightingale. 24: Solution Pictures.

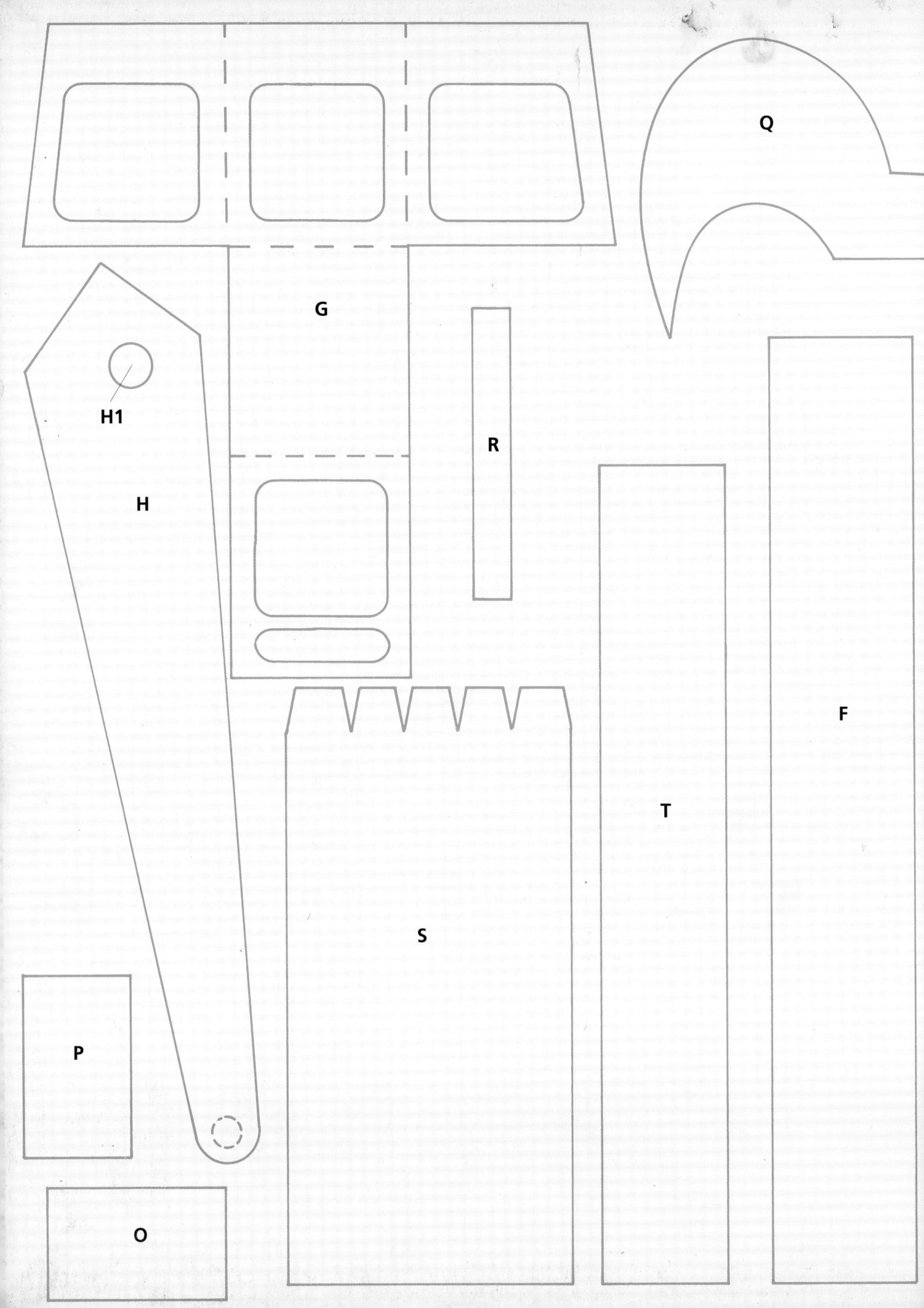